BEI GRIN MACHT SICH IHR
WISSEN BEZAHLT

Bibliografische Information der Deutschen Nationalbibliothek:

Die Deutsche Bibliothek verzeichnet diese Publikation in der Deutschen National-
bibliografie; detaillierte bibliografische Daten sind im Internet über http://dnb.d-
nb.de/ abrufbar.

Impressum:

Copyright © 2015 GRIN Verlag, Open Publishing GmbH
Druck und Bindung: Books on Demand GmbH, Norderstedt Germany
ISBN: 9783668456037

Dieses Buch bei GRIN:

http://www.grin.com/de/e-book/366724/guetekriterien-fuer-den-einsatz-von-text-
quellen-im-schulgeschichtsbuch

Christian Maier

Gütekriterien für den Einsatz von Textquellen im Schulgeschichtsbuch. Ein Vergleich anhand der Darstellung der Entdeckung der neuen Welt

GRIN Verlag

GRIN - Your knowledge has value

Der GRIN Verlag publiziert seit 1998 wissenschaftliche Arbeiten von Studenten, Hochschullehrern und anderen Akademikern als eBook und gedrucktes Buch. Die Verlagswebsite www.grin.com ist die ideale Plattform zur Veröffentlichung von Hausarbeiten, Abschlussarbeiten, wissenschaftlichen Aufsätzen, Dissertationen und Fachbüchern.

Besuchen Sie uns im Internet:

http://www.grin.com/

http://www.facebook.com/grincom

http://www.twitter.com/grin_com

Ludwig-Maximilians-Universität München

Historisches Seminar

Gütekriterien für den Einsatz von Textquellen im Schulgeschichtsbuch

Hausarbeit im Rahmen des Seminars

„Methodik des Geschichtsunterrichts"

Wintersemester 2014/15

vorgelegt am:

12.02.2015

Verfasser:

Christian Maier

Inhaltsverzeichnis

1. Einleitung

Das Geschichtsbuch ist immer noch „Grund- und Hauptmedium alltäglichen Geschichtsunterrichtes"[1], wie es Bodo von Borries formuliert hat. Textquellen nehmen für den Geschichtsunterricht eine ebenso zentrale Stellung ein. Sie gelten als Grundinstrument um historisches Denken, also ein Bewusstsein für die standortgebundene Perspektive von Geschichte, aufzubauen. Helmut Beilner liefert einen anschaulichen Vergleich. "Umgang mit Quellen im Geschichtsunterricht hat denselben Stellenwert wie die Arbeit mit Versuchsanordnungen in Chemie, Biologie oder Physik."[2] Was liegt also näher als das Zusammenwirken dieser beiden Gegenstände zum Thema einer geschichtsdidaktischen Hausarbeit zu machen?[3]

Daher sollen im ersten Schritt einige relevante Kriterien für den erfolgreichen Einsatz von Quellen im Schulbuch aufgestellt und diskutiert werden. Die aufgestellten Kriterien sollen dann als Richtlinie zum Vergleich zweier Schulbücher[4] im Hinblick auf den Einsatz von Textquellen dienen. Durchgeführt wird eine hermeneutisch Didaktische Schulbuchanalyse, die aber auch quantitative und qualitative Merkmale berücksichtigt, wie es von Schönemann und Thünemann empfohlen wird.[5]

Um den Rahmen dieser Arbeit nicht zu sprengen, beschränkt sich der Vergleich auf das Thema "Die neue Welt". Es sollen theoretische Überlegungen genauso mit einbezogen werden wie praktische Erfahrungen im Umgang mit Quellen. Hier sind zwei Werke der oben zitierten Geschichtsdidaktiker Bodo von Borries und Helmut Beilner wichtig. Borries hat mit seinem Team eine Befragung bei Schülern und Lehrern zu Textquellen im Schulbuch durchgeführt und Beilner hat seine theoretischen Überlegungen an einer kleinen Stichprobe von Schülern erprobt. Wichtig scheint dem Verfasser dieser Arbeit, nicht "im

---

[1] Borries, Bodo von: Schulbuchverständnis, Richtlinienbenutzung und Reflexionsprozesse im Geschichtsunterricht. Eine qualitativ-quantitive Schüler- und Lehrerbefragung im Deutschsprachigen Bildungswesen 2002. Neuried 2005.

[2] Beilner, Helmut: Empirische Zugänge zur Arbeit mit Textquellen in der Sekundarstufe I. In: Quellen in Geschichtswissenschaft und Geschichtsunterricht. Exemplarische Zugänge zur Rekonstruktion von Vergangenheit. Hrsg. Helmut Beilner und Martina Langer-Plän. S. 103-126. S. 103.

[3] vgl. Reeken, Dietmar, von: "Um an die Quellen zu kommen, muss man gegen den Strom schwimmen". Geschichts-Quellen in Wissenschaft, Kultur und Unterricht. In: Geschichts-Quellen. Brückenschläge zwischen Geschichtswissenschaft und Geschichtsdidaktik. Hrsg. Gunilla Budde, Dagmar Feist u.a. S. 11-21. S. 13-15.

[4] Baumgärtner, Ulrich: Horizonte 7 / Geschichte Gymnasium Bayern. Schülerband. Braunschweig 2005. Wird im Folgenden zitiert als: Horizonte 7. u. Brückner, Dieter: Das waren Zeiten 2. Mittelalter - Renaissance - Absolutismus [für die Jahrgangsstufe 7]. Unterrichtswerk für Geschichte an Gymnasien, Sekundarstufe 1. Bamberg 2011. Wird im Folgenden zitiert als: Das waren Zeiten.

[5] Bernd Schönemann u. Holger Thünemann: Schulbucharbeit. Das Geschichtsbuch in der Unterrichtspraxis. Schwalbach 2010. S. 115.

luftleeren Raum" nach eigenem Ermessen über Kriterien für einen gewinnbringenden Einsatz von Quellen zu spekulieren. Daher sollen verschiedene Positionen versammelt werden, um ein vielschichtiges und detailliertes Bild zu gewinnen, wie der Einsatz von Quellen im Schulbuch gestaltet sein sollte, um Schüler zu interessieren, angemessen zu fordern und bestmöglich historisches Lernen zu ermöglichen.

Ein Aufsatz[6] von Jörn Rüsen nennt das Schulbuch sogar im Titel Leitmedium und macht sich Gedanken über die Konzeption eines idealen Vertreters. Michael Sauer stellt in einem Überblickswerk[7] zur Unterrichtspraxis fest, die Quellenarbeit sei mittlerweile bei Schülern und Lehrern teilweise wenig beliebt, gerade deswegen ist es wohl wichtig wie in der hier vorliegenden Arbeit nach Gütekriterien für Textquellen im Schulbuch zu fragen. Waldemar Grosch hat sich im Rahmen eines Praxishandbuches ausführlicher mit Quellenarbeit im Unterricht beschäftigt.[8]

2. Textquellen im Geschichtsbuch

2.1 Gütekriterien von Quellenarbeit

Als erstes muss vielleicht eine einschränkende Bemerkung darüber stehen, ob es überhaupt allgemeingültige Kriterien geben kann, die wie in Stein gemeißelt, in jedem Fall über die Qualität des Einsatzes von Quellen im Schulbuch entscheiden.

Waldemar Grosch liefert auf diese Frage eine überzeugende Antwort. Pauschale Richtlinien für den Einsatz von Quellen ließen sich schwer aufstellen, diese würden nämlich genauso divergieren wie die Funktion, die die Quellen erfüllen sollen. Wenn eine Quelle zur Motivation oder Illustration eingesetzt wird, so macht Grosch deutlich, sind natürlich viele Anforderungen außer Kraft und andere deutlich höher zu bewerten. So hat eine Quelle zu diesem Zweck eher emotional und kontrovers zu sein und wie Grosch sagt "Zeitkolorit" zu vermitteln, eingehende Analysen sind dabei oft eher überflüssig. Allgemein lässt sich nach ihm aber festhalten, dass abstrakte und faktenorientierte Texte meist weniger ansprechend und zugänglich sind als anschauliche und emotionale. Auch für Länge und Schwierigkeit der Texte gebe es keinen Königsweg, in der Regel schreckten zu

---

[6] vgl. Rüsen, Jörn: Das ideale Schulbuch. Überlegungen zum Leitmedium des Geschichtsunterrichts. In: Internationale Schulbuchforschung. 14 1992. S. 9-11, 237 -250, 237.
[7] vgl. Sauer, Michael: Geschichte Unterrichten. Eine Einführung in die Didaktik und Methodik. 7. aktualisierte und erweiterte Auflage. Minden 2008. S. 109.
[8] Grosch, Waldemar: Schriftliche Quellen und Darstellungen. In: Geschichtsdidaktik Praxishandbuch für die Sekundarstufe I und II. Hrsg. Hilke Günther-Arndt. S. 63-92.

lange Texte Schüler aber deutlich ab. Auch Sauer verneint ein Patentrezept für die Länge von Texten. Diese müsse man je nach Lernenden und Einsatzzweck entscheiden.[9]

Um Gütekriterien an der Praxis auszurichten, nimmt die vorliegende Arbeit auch Bezug auf eine empirische Untersuchung unter Leitung von Bodo von Borries. Die Untersuchung wurde quantitativ und qualitativ von mehreren Teams durchgeführt. Fragebögen, Interviews sowie Kurzessays wurden verwendet um festzustellen, wie mit Textquellen im Schulbuch gearbeitet wird, wie die Arbeit empfunden wird und was Verbesserungswünsche wären. So soll auch darauf gesehen werden, was Schüler und Lehrer sich idealtypisch wünschen. Sehr verständlich ist sicher der große Wunsch nach Abwechslung und Spannung von Schülerseite, nicht viel weniger fordern Schüler, dass die Auswahl von Informationen und Quellen erklärt wird und Auswirkungen von Handlungen abgewogen werden. Bei den Lehrern stehen wenig überraschend ganz ähnliche Wünsche auf dem Plan, das Ideal eines zum Nachdenken anregenden, verständlichen und anschaulichen Geschichtsbuches wird nur energischer vertreten als von Schülerseite. Natürlich stellt auch Borries ein gewisses Desinteresse einiger Schüler am Geschichtsbuch überhaupt fest. Es ist aber dennoch sicher, ein besonderes Augenmerk auf gerade gennannte Punkte zu legen, allein in dem Sinne diese Arbeit an der realen Schulpraxis auszurichten.[10]

Auf die Notwendigkeit, solche empirischen Untersuchungen in die Schulbuchanalyse und Gestaltung einzubeziehen beziehungsweise solche Projekte überhaupt durchzuführen, hat 1992 schon Jörn Rüsen nachdrücklich hingewiesen. Und Helmut Beilner hat die Wichtigkeit betont, Schüler, Ihre Empfindungen und Handlungsweisen gegenüber Quellen mehr in den Mittelpunkt zu nehmen. Nur so ließen sich die Erwartungen von Didaktikern und Lehrern an der schulischen Realität messen.[11]

Zudem sollen in dieser Arbeit nur Kriterien untersucht werden, die wirklich spezifisch für den Geschichtsunterricht und die Arbeit mit Quellen im Schulbuch sind, obwohl natürlich allgemeine Gesichtspunkte für die Brauchbarkeit im Unterricht ebenso wichtig sind. Rüsen hat einige eher offensichtliche Faktoren, wie etwa einen klaren formalen Aufbau, didaktische Strukturierung und Schülerbezug genannt. Das ausführliche Zulassungsverfahren durch zwei Gutachter in Bayern lässt auch darauf schließen, dass fachliche Standards eingehalten werden und sich politische Deutungen im demokratischen

---

[9] vgl. Grosch: S. 82-84. u. vgl. Sauer: S. 111.
[10] vgl. Borries: S. 106- 109, 114-116, 194.
[11] vgl. Beilner: S. 103-104. u. vgl. Rüsen, Jörn: S. 238-239.

Rahmen bewegen. Fraglich ist nur, ob sich Quellen tatsächlich immer auf den Schülern angemessenem Niveau bewegen.[12]

2.1.1 Klare Kennzeichnung von Quellen

Dieser Punkt lässt sich theoretisch, wie später in der praktischen Untersuchung äußerst knapp darstellen, ist er doch genauso plausibel wie einfach.

Etwa Michael Sauer kommt 2008 zu dem ernüchternden Schluss „was überhaupt eine Quelle ist ..., scheint bei Jüngeren kaum, bei Älteren nur oberflächlich ausgeprägt."[13]

Sicher löst sich dieses Problem nicht alleine dadurch, dass man über eine Quelle „Quelle" und über eine Darstellung „Darstellung" schreibt. Wie aber soll ein Bewusstsein für die deutliche Unterscheidung entstehen, wenn man Quellen und Darstellungen nicht klar und sauber betitelt? Zumindest wird man den Erkenntnisprozess sicher unterstützen durch eine einheitliche Benennung und ihn erschweren, wenn man alle Textsorten etwa unter Material führt.

Dies stützt sich auf zahlreiche weitere Beiträge der Geschichtsdidaktik. Etwa Pandel und Grosch haben auf den historischen Kern des Problems unklarer Quellenbezeichnungen hingewiesen. In den 80er Jahren seien meist Quellen und Autorentexte im Schulbuch gemeinsam mit T für Text überschrieben worden und bis heute finde teilweise noch eine Vermischung unter Material statt. Grosch hat auch die lange Zeit bis in die 70er Jahre ohne eine verbindliche Quellendefinition betrauert.[14]

Die Wichtigkeit dieses Punktes unterstreicht auch ein empirischer Befund von Borries Team. Sie haben bei den Lernenden eine absolut positive Haltung gegenüber klaren Kennzeichnungen von Quellen und Darstellungen festgestellt.[15]

2.1.2 Multiperspektivische Quellen: Das Potential von Konflikten

Vergangene Ereignisse so vergegenwärtigen zu können, dass man die eigene Lebenspraxis besser verstehe und Folgen für zukünftige Handlungen und Perspektiven ableiten könne, hat Rüsen als zentrales Element von Geschichtsbewusstsein benannt und als wesentliche

---

[12] vgl. Rüsen: S. 242. u. vgl. Stöber, Georg: Schulbuchzulassung in Deutschland. Grundlagen, Verfahrensweisen und Diskussionen. In: Eckert Beiträge (2010) 3, URL: http://d-nb.info/1002260256/34. S. 7-9.
[13] Sauer: S. 110.
[14] vgl. Grosch: S. 64. u. vgl. Pandel, Hans-Jürgen: Quelleninterpretation. In: Handbuch Methoden im Geschichtsunterricht. Hrsg. Klaus Bergman, Ulrich Mayer u.a. Schwalbach 2004. S. 152-171. S. 152.
[15] vgl. Borries: S. 197.

Funktion eines idealen Schulbuches gefordert. Hierfür sei es essentiell, Geschichte als menschliches Leben in der Vergangenheit zu zeigen. Indem man den Schülern Konflikte und unterschiedliche zeitgenössische Meinungen präsentiere, erreiche man dies und fordere auch eine eigene persönliche Stellungnahme heraus.[16]

Nicht nur die Forschung fordert multiperspektivische Quellen. Die Befragung durch Borries hat als einen der größten Kritikpunkte von Schülern an ihren Geschichtsbüchern tatsächlich fehlende Multiperspektivität festgestellt.[17]

Etwa Pandel hat für die Quellenarbeit im gesamten Unterricht festgehalten, dass hier Heuristik und Kritik vorweggenommen seien.[18]

Natürlich ist durch das Schulbuch immer eine gewisse Perspektive vorgegeben, allein durch Auswahl von Quellen, wie auch gestellte Fragen zur Quelle oder erklärende Darstellungen. Dennoch lässt sich natürlich beurteilen, ob ein Buch sinnvoll möglichst unterschiedliche Meinungen beleuchtende Quellen präsentiert.

2.1.3 Alterität: Zwischen Faszination und Überforderung

Alterität von Geschichtsquellen ist wohl deren kontroversestes Merkmal. So diskutiert die Geschichtsdidaktik anhand von praktischen Erfahrungen und theoretischen Überlegungen, ob die Fremdheit der Quellen Schüler nicht zumeist überfordere, oder ob sie ein wesentlicher Faktor für Motivation und historisches Lernen ist.

So zeigt sich, dass sie eine hohe kognitive Kapazität voraussetzt um zur Bildung eines reflektieren Geschichtsbewusstseins beizutragen. Oft scheint für Schüler die zeitliche und intellektuelle Belastung, sich mit der Fremdheit einer Quelle auseinanderzusetzen, schlicht nicht der Mühe wert.[19]

Ein wesentliches Ergebnis von Borries Studie ist daher, dass Schulbücher mehr Rücksicht auf Verständlichkeit für Lernende nehmen müssten, deren Lesekompetenz leider oft zu wünschen übrig lasse. Auch von Reeken hat auf große Probleme beim Verständnis von Text- und sogar Bildquellen auf Schülerseite hingewiesen. Beilner resümiert häufig motivationale Probleme und Schwierigkeiten bei der kritischen Auseinandersetzung mit sprachlich und formal fremd erscheinenden Quellen bis in höhere Klassen. Eben weil Schüler sich nicht selten von Arbeit mit Textquellen gelangweilt zeigen, empfiehlt Sauer

---

[16] vgl. Rüsen: S.240, 256. u. vgl. Schönemann u. Thünemann: S. 121.
[17] vgl. Borries: S. 104, 106, 194.
[18] vgl. Pandel: S. 155.
[19] vgl. Borries: S. 24-25.

eine interessante Präsentation. Bezeichnend ist, dass er damit im Grunde meint, den Grad der Herausforderung zu erhöhen. Er führt an, man könne mehr Anachronismen im Text belassen, Wörter schwärzen oder gezielt falsche Informationen einstreuen, die die Schüler irritieren und als Fälschung erkannt werden sollen. [20]

Bei Borries werden Auszüge aus einem Schulbuch zu und von Hildegard von Bingen diskutiert. Es stellt sich dabei heraus, dass die Quellen dermaßen komplex sind, dass sie selbst für Studierende am oberen zumutbaren Niveau liegen und für Schüler so schwierig, dass es zu desaströsen Ergebnissen bei der Inhaltserfassung kommt. Scheinbar ist es für viele Menschen problematisch wirklich von der Alterität einer Quelle zu profitieren, statt davon verwirrt zu werden. Borries weist darauf hin, dass es schon in den 90ern Studien gab, die auf die Unverständlichkeit von Geschichtsbüchern hinweisen, aber kaum beachtet worden sind. [21]

Auch Sauer betrauert gerade für die unteren gymnasialen Klassen eine zu hohe Schwierigkeit. Sprachlich wie gedanklich seien die Texte den Kindern so fern, dass diese sie oft gar nicht wirklich verstehen könnten. [22]

Andererseits hat Pandel bedauernd angemerkt, dass durch die Kürzung von Quellen und das Bereinigen sprachlicher Schwierigkeiten, die Quellen nicht mehr wirklich erfahrbar seien. Die Immaginationsfähigkeit der Schüler werde zu wenig angeregt und die Lebensumstände und Besonderheiten der Zeit der Quelle könne durch übertriebene Kürzungen nicht mehr erfasst werden. Oft werde aus Quellen alles gestrichen, was nicht direkt zur Lernabsicht in Schulbüchern passe. Weder sei so noch etwas zu merken vom Zeitkolorit, Situationskomik, noch kämen Irritationen beim Schüler vor, die für eine wirkliche Interpretation aber nötig seien. [23]

Sauer macht ebenfalls das Dilemma kenntlich, dass im Schulbuch Quellen nicht mehr als Gegenstände aus einer anderen Zeit kenntlich seien. Auch wenn er zugibt, man könne gerade jüngeren Schülern nicht etwa mittelhochdeutsche Texte vorlegen, so sieht er einen großen Wert in der "hautnahen" Berührung mit Quellen und schätzt Besuche im Archiv

---

[20] vgl. Beilner: S. 103. u. vgl. Borries: S. 303. u. vgl. Reeken: S. 16. u. vgl. Sauer: S. 191-192.
[21] vgl. Borries: S. 16, 22- 24.
[22] vgl. Sauer: S. 110.
[23] vgl. Sauer: S. 110-111. u. vgl. Pandel: S. 158.

daher hoch. Pandel hat ebenfalls plädoyiert für den Einsatz möglichst ursprünglicher Quellen, um echtes historisches Lernen zu ermöglichen.[24]

Auch Grosch hat kritisiert, dass in Schulbüchern auch ältere Dokumente wie Briefe und Urkunden meist im gleichen und modernen Layout abgedruckt seien.[25]

2.1.4 Kontextinformationen: Ohne Fundament geht es nicht

Seidenfuß hält es für entscheidend, dass nicht losgelöste "Quellenfetzen" im Schulbuch präsentiert werden, sondern Informationen zum Kontext mitgeliefert werden. Nur durch diese könnten Schüler die Aussageabsicht von Texten erkennen.[26]

Zu ganz ähnlichen Befunden kommt Beierlein bei einer Studie mit Schülern der sechsten Jahrgangsstufe. Er hält es ebenfalls für äußerst ratsam, gezielt auf Quellen zugeschnittene historische Rahmenbedingungen und Informationen zu den in der jeweiligen Quelle angesprochenen Akteuren und Zuständen zu liefern. In dieselbe Stoßrichtung führt auch die Einführung in die Geschichtsdidaktik von Michael Sauer, der Vorwissen für die Erschließung von Quellen für unerlässlich hält.[27]

2.2. Vergleich des Quelleneinsatzes zum Thema Eroberung Amerikas in „Horizonte 7" und „Das waren Zeiten 2 Mittelalter –Renaissance - Absolutismus"

Zu dem Urteil, dass auch im Falle des Einsatzes von Quellen im Geschichtsunterricht weniger oft mehr ist, kommen Reeken und Beierlein. Es zeigt sich nach letzterem, dass eine genaue und ergiebige Arbeit mit Quellen viel gewinnbringender ist als ein kurzes Anreißen einer großen Anzahl von Quellen. Dies führe auch zu einem besseren Verständnis für die Funktion und Definition von Quellen.[28]

Zu einem ähnlichen Resümee kommt auch Grosch, der festhält: "Es ist besser, wenig Text gründlich, als viel Text oberflächlich zu behandeln."[29]

Im Schulbuch aus der Reihe „Horizonte" und dem aus der Reihe „Das waren Zeiten" für die siebte Jahrgangsstufe soll der Einsatz von Quellen zum Thema die Entdeckung und

---

[24] vgl. Sauer: S. 112-114. u. vgl. Pandel, Hans-Jürgen: Quelleninterpretation. Die schriftliche Quelle im Geschichtsunterricht. Hrsg. von Ulrich Mayer und Hans-Jürgen Pandel u.a. Schwalbach 2006. S. 132-133.
[25] vgl. Grosch: S. 85-86.
[26] vgl. Seidenfuß: Rekonstruieren - Rekonkretisieren - Dekonstruieren. Erzählende Quellen im Geschichtsunterricht. In: Quellen in Geschichtswissenschaft und Geschichtsunterricht. Exemplarische Zugänge zur Rekonstruktion von Vergangenheit. Hrsg. Helmut Beilner und Martina Langer-Plän. S. 87-102. S. 95-101.
[27] vgl. Beilner: S. 124-125. u. vgl. Sauer: S. 110.
[28] vgl. Beilner: S. 125. u. vgl. Reeken: S. 13.
[29] Grosch: S. 82.

Eroberung der neuen Welt verglichen werden. Ausgewählt wurde dieses Thema ob seiner Relevanz und Aktualität in Zeiten, wo Menschenrechte noch immer nicht überall eine Selbstverständlichkeit sind.

2.2.1 Unzureichende Differenzierung bei der Benennung von Bildern, Textquellen und Darstellungen

Leider führen beide Schulbuchbände sämtliche Quellen, also Bilder, Textquellen und Statistiken wie auch Diagramme unter dem Buchstaben M für Material. Besonders bedenklich ist aber, dass auch Darstellungen direkt neben Textquellen unter derselben Betitelung geführt werden. Warum dies geschieht, ist dem Verfasser dieser Arbeit absolut nicht verständlich, hat die Geschichtsdidaktik dieses Problem doch hinreichend angesprochen, Schönemann und Thünemann schlagen sogar eine optische Hervorhebung vor. Es steht zu hoffen, dass künftige Schulbücher diese kaum Mühe machende Unterscheidung mehr berücksichtigen.[30]

Um die Bedeutung des Punktes zu unterstreichen sei nochmals auf Jörn Rüsen verwiesen, der in seinen Betrachtungen über ein „ideales Geschichtsbuch" gefordert hat, dass Quellen klar von Darstellung unterschieden und getrennt werden sollten.[31]

2.2.2 Die Quellen beleuchten die Ereignisse aus verschiedenen Perspektiven

Die Entdeckung Amerikas durch Columbus, die dadurch verursachten Veränderungen im Weltbild und wichtige Vorläufer des Entdeckers sind in „Horizonte 7" auf insgesamt sieben Seiten deutlich ausführlicher dargestellt als im Konkurrenzbuch. Obwohl zahlreiche Abbildungen von Gemälden und Holzschnitten die Geschehnisse illustrieren und Karten genaue Seerouten zeigen, enthält das Kapitel nicht eine einzige Textquelle. Dies hat das andere Buch zwar nicht ideal, aber deutlich besser gelöst, wie gleich gezeigt wird.[32]

Zur Multiperspektivität ist für das Buch aus der Reihe „Das waren Zeiten" zu sagen, dass als Textquellen für die europäischen Entdeckungen in Übersee nur Christoph Columbus zu Wort kommt. Beide Quellen stammen aus seinem Bordbuch. Die erste berichtet von der Landnahme einer Insel und dem Zusammentreffen mit den Einwohnern. Die zweite Quelle ist sehr kurz und handelt nur davon, dass Columbus sehr interessiert ist an den Erzählungen der Indios über Goldvorkommen. Auch in der ersten Quelle interessierte er

---

[30] vgl. Schönemann und Thünemann: S. 87. Horizonte 7: S. 170-173. u. vgl. Das waren Zeiten: S. 112, 115-116.
[31] vgl. Rüsen: S. 245-246.
[32] Vgl. Horizonte 7: S. 160-167.

sich schon für die wirtschaftlichen Verhältnisse der Ureinwohner, die er ob ihrer Nacktheit als sehr arm einstuft. Außerdem macht er sich Gedanken über ihre Verwendungsfähigkeit als Arbeitskräfte und ihre Bekehrbarkeit zum Christentum. Beide Quellen stimmen auch in der beschriebenen Haltung der Einwohner gegenüber den Spaniern ein. In der ersten heißt es nur: „Sie waren uns derart zugetan, dass es ein wahres Wunder war."[33] In der zweiten führt Columbus weiter an, die Indios glaubten, die Spanier seien sogar Götter.[34]

Beide Textquellen sind vom selben Verfasser und zeigen, wie gerade demonstriert, auch eine ähnliche Haltung gegenüber den vorgefundenen Zuständen und Ureinwohnern. Dies ist schade, denn das Buch beschäftigt sich auch kurz mit anderen europäischen Entdeckern wie Magellan.[35] Natürlich hätte sich sicher auch ein Bericht über dessen Entdeckungen einfügen lassen, aber da das Buch die Entdeckung Amerikas unter Columbus als Aufhänger verwendet, ist es wohl entschuldbar. Diese "perspektivische Dopplung durch eine geschickte Materialauswahl zu vermeiden"[36], wären dennoch angeraten gewesen.

Das Buch wählt als folgende Zwischenüberschrift den Titel: „Die indianischen Kulturen werden zerstört"[37]. Es mag in Frage gestellt werden, ob dies nicht den Schülern schon ein eigenes Urteil vorwegnimmt und, obwohl inhaltlich nicht falsch, dem Anspruch der Fachwissenschaft nach sachlicher Betitelung genüge. Der Titel „Europa erobert die Neue Welt"[38], den „Horizonte 7" verwendet, könnte man sicherlich im Gegensatz zum vorher genannten auch in einer geschichtswissenschaftlichen Abhandlung lesen. Zwar sind Bildquellen hier nicht Thema, dass aber auf einer Karte, die eindeutig nicht als altertümliche Quelle, sondern heutige Darstellung erkennbar ist, der Begriff "Negersklaven"[39] steht, ist zumindest sehr bedenklich.

Jedenfalls führt das Buch dann doch noch gleich zwei Textquellen auf, die die Sicht der Indios auf die Ankunft und das Verhalten der Spanier beleuchten. Dies aber geschieht erst in einem Vertiefungsteil und so ist fraglich, ob jeder Schüler in Anbetracht voller Lehrpläne und wenig Unterrichtszeit in den Genuss dieser Perspektiven kommen wird. Leider sind beide Quellen nur Überlieferungen von Geistlichen aus späterer Zeit, dies macht das Buch aber deutlich. Die erste Quelle berichtet von der Reaktion des Inka

---

[33] Das waren Zeiten 2: S. 112. M 2 Die Ankunft. Z. 21-23.
[34] Vgl. Das waren Zeiten 2: S. 112. M2 Die Ankunft u. M 3 Über das Gold der Indios.
[35] vgl. hierzu eine kurze Darstellung zu dessen Reise und Tod in Das waren Zeiten: S. 111.
[36] Schönemann und Thünemann. S. 87.
[37] Das waren Zeiten 2: S. 113.
[38] Horizonte 7: S. 168.
[39] Horizonte 7. S. 164.

Herrschers Huayana Capac auf die Ankunft der Spanier. Vor allem Erstaunen und Sprachlosigkeit über Kleidung, Technologie, besonders die riesigen Schiffe und nicht zuletzt die unbekannte Herkunft der Spanier kennzeichnen den Bericht. Obwohl am Ende die Nachricht von Plünderungen seitens der Fremden zum Herrscher dringt, ist die Quelle recht neutral, von mehr als „Bestürzung und Wehmut"[40] ist nicht die Rede. Die zweite Textquelle beschreibt deutlich feindselig eingetrübt die von purer Gier geprägte Reaktion der Spanier auf ihnen 1518 geschenktes Gold. Die Fremden werden als „Affen" und „hungrige Schweine"[41] bezeichnet.[42]

Aus Sicht der Indios bietet „Horizonte 7" nur eine Textquelle, in der ein aztekischer Priester sich, von einem Mönch aufgezeichnet, 1524 über seine Religion äußert. Diese Quelle findet sich auch nur in einem dem Kapitel angeschlossenen Vertiefungsteil. Er finde es unerhört, dass die Spanier predigten, es gebe nur einen wahren Gott, denn die Lehren der Azteken würden seit Generationen überliefert und das Bitten der Götter und Menschenopfer hätten sich oft bewährt. Eine weitere Quelle beschäftigt sich mit Menschenopfern aus der Sicht eines spanischen Soldaten aus Cortez Truppe, der sie als barbarisch und unmenschlich brandmarkt. Zudem werden die Indios als naiv und primitiv dargestellt, weil sie sich teilweise sogar freiwillig anboten und die Opfer mit großem Trubel feierten. [43]

Interessant ist, dass während „Horizonte 7" sich zumindest im Vertiefungsteil Menschenopfern widmet, greift „Das waren Zeiten" dieses Thema nicht auf, enthält dafür aber zwei Tagebucheinträge von Christoph Kolumbus. Bezeichnender ist aber folgender Befund. Beide Bücher lassen dieselben zwei Vertreter von gegensätzlichen Positionen zum Thema der Rechte von Indios zu Wort kommen. „Horizonte 7" stellt die Textquellen allerdings in seinen normalen Teil, während sie beim Konkurrenten nur in der Vertiefung zu finden sind. Beide Bücher zitieren aus einer Abhandlung des Theologen Juan Ginés de Sepúlveda, der die Beherrschung der barbarischen Indios durch die überlegenen Spanier als gottgewollte Ordnung auffasst. Er stellt auch heraus, dass die Herrschafft der Spanier eigentlich zum Wohle der Ureinwohner sei. „Horizonte 7" enthält einen doppelt so langen Auszug seines Werkes wie „Das waren Zeiten". Beide Werke stellen dem kontroversen, viele Schüler sicher empörenden Text Berichte des Dominikanermönches Bartolomé de las Casas gegenüber. In „Horizonte 7" berichtet er über die Predigt eines Geistlichen auf einer

---

[40] Das waren Zeiten: S. 115. M 1 Die Spanier kommen! Z.29.
[41] Das waren Zeiten: S. 115. M2 Gier nach Gold. Z. 4 u. 9.
[42] vgl. Das waren Zeiten: S. 115.
[43] vgl. Horizonte 7: S. 173. M3 Menschenopfer a) u. b).

karibischen Insel vor Spaniern. Dieser brandmarkt die Gräuel an den Ureinwohnern scharf, verlangt für diese als Gottes Geschöpfe dieselbe Behandlung wie für Europäer und droht mit ewiger Verdammnis. Im Buch aus der Reihe „Das waren Zeiten" beschreibt Bartolomé die furchtbaren Arbeitsbedingungen in Bergwerken auf der Insel Kuba und die Gräueltaten, die Soldaten an frei lebenden Indios begingen. Über einen besonders brutalen spanischen Bergwerksleiter, unter dem tausende Indios starben, sagt er, dass der Teufel seine Seele genommen hätte und positioniert sich so in scharfer Opposition zur spanischen Kolonialpolitik.[44]

Durch die Präsentation des zeitgenössischen Konfliktes können beide Bücher die Schüler sicher zur eigenen Urteilsbildung bringen, alleine schon durch die Konfrontation mit der heute schockierenden Meinung, die Unterdrückung indigener Völker sei von Gott gewollt. Methodisch gesehen ist das Vorgehen beider Bücher an dieser Stelle also äußerst positiv zu bewerten. Auf den Wert solchen Vorgehens wurde im Theorieteil ausführlicher eingegangen, hier soll nur noch eine bezeichnende Aussage der Forschung stehen. Nicola Brauch nennt als wichtigste Aufgabe von Schulbüchern, aber leider auch oft größtes Versäumnis, die Schüler herauszufordern zur Bildung einer wirklich eigenen Meinung gegenüber historischen Geschehnissen. Dies sei essenziel um ein mündiger Bürger zu werden.[45]

2.2.3 Die Quellen zur Neuen Welt bieten eine angemessene Alteritätserfahrung

Für sämtliche Quellen lässt sich sagen, dass sie in Ihrem Abdruck sehr klassisch gehalten sind und wie meist in Geschichtsbüchern, etwa von Pandel und Grosch bedauert, einfach in derselben Schriftart wie Darstellungen stehen. Wie die Texte ursprünglich aussahen, ist nicht zu erahnen. Immerhin wird ein Teil der Motivationsfunktion und Alteritätserfahrung, die durch das Erblicken der „echten Texte" möglich wäre, von zahlreichen zeitgenössischen Abbildungen ersetzt, diese können hier aber nicht weiter Thema sein. Zudem sind die Texte lediglich vereinfacht und zum Teil stark gekürzt, verwenden aber

---

[44] vgl. Horizonte 7: S. 170. M 6 Welche Rechte haben Indios? a) und b) u. vgl. Das waren Zeiten: S. 116. M5 „Denn das ist die natürliche Ordnung" und M4 Die Spanier auf Kuba.
[45] vgl. Brauch, Nicola: Fostering Competencies of Historical Reasoning Based on Cognitive Activating Tasks? Considerations Towards a Conceptual Change from Text to Task Books in History Learning Environments. In: Aufgaben im Schulbuch. Hrsg. von Eva Mathes und Sylvia Schütze u.a. Bad Heilbrunn 2011. S. 237-249. S. 248.

keinesfalls experimentelle Ideen wie Lücken, Schwärzungen oder gefälschte Passagen, wie sie Michael Sauer vorgeschlagen hat. [46]

Den Vorwurf durch fremdartige Worte und Sprache Schüler zu überfordern, der häufig von der Geschichtsdidaktik erhoben worden ist, kann man den Texten im Buch der Reihe Horizonte und auch "Das waren Zeiten" sicherlich nicht machen. Zu den "schwierigsten" Wörtern zählen etwa "Götze"[47] und "Götzenbild."[48] Etwas schwieriger mutet einzig die letzte Quelle an, die Aussagen eines Aztekenpriesters, durch einen Mönch überliefert. Sie bedient sich eines altertümlichen sprachlichen Duktus und den Schülern fern scheinender Formulierungen. So bezeichnet die Quelle die Zeit des Beginns der Zivilisation mit "noch die Zeit der Nacht war es"[49] und umschreibt die Menschenopfer mit der Phrase "und so zapfen wir uns Blut ab."[50] Insgesamt scheinen die Quellen aber Schülern der siebten Jahrgangsstufe absolut zumutbar. Ähnlich verhält es sich mit dem anderen Schulbuch. Hier liegen die größten Schwierigkeiten darin zu identifizieren, dass Columbus mit "unsere[m] heiligen Glauben"[51] das Christentum meint, oder dass die Inkas spanische Schiffe bezeichnen als "groß[e] hölzern[e] Häus[er], [die] übers Meer führen."[52] Insgesamt hält sich auf sprachlicher Ebene die Alterität eher in Grenzen, vielleicht in zu engen.[53]

Löblich ist hervorzuheben, dass die Quellen mit ihren Themen den Schülern nicht allzu fremd sein dürften. Die Gier nach materiellem Besitz, die Ausbeutung von Arbeitern und die Diskussion über Menschenrechte sind leider in unserer Lebenswelt immer noch aktuelle Themen, mit denen man in Medien und auch teilweise persönlich konfrontiert wird. Besonders zwei Quellen stechen lobenswert hervor mit zeitgenössischer Sprache und großer Anschaulichkeit. Nicht nur wegen ihrer motivierenden Wirkung sind, wie im Theorieteil gezeigt, beide Kriterien vielfach von der Geschichtsdidaktik gefordert worden. In der Quelle "M3 Gier nach Gold" finden sich schöne, sprachlich von der Zeit gefärbte Aussagen, die es den Schülern erlauben, sich die Situation besser zu vergegenwärtigen. Es heißt etwa über die Spanier: Wie Affen griffen sie nach dem Gold und befingerten es, sie waren hingerissen vor Freude, auch ihre Herzen waren angesteckt von den Strahlen des Goldes ... und auf das unverständliche fremde Rauschen im Wind antworteten sie mit ihren

---

[46] vgl. Grosch: S. 85-86. u. vgl. Pandel: Quelleninterpretation. S. 132-133. u.vgl. Sauer: S. 112-114, 191-192. u. vgl. Horizonte 7: S. 160-173. u. vgl. Das waren Zeiten: S. 110-116.
[47] Horizonte 7: S. 173. M3 Menschenopfer a). Z. 32.
[48] Horizonte 7: S. 173. M3 Menschenopfer a). Z. 20.
[49] Horizonte 7: S. 173. M3 Menschenopfer b). Z. 15-16.
[50] Horizonte 7: S. 173. M3 Menschenopfer b). Z. 12.
[51] Das waren Zeiten: S. 112. M 1 Die Ankunft. Z.16.
[52] Das waren Zeiten: S. 115. M 1 Die Spanier kommen. Z. 19-20.
[53] vgl. etwa Borries: S. 24-25 u vgl. Beilner: S. 103. u. vgl. Reeken: S. 16.

wilden, barbarischen Reden" . Die andere in diesem Zusammenhang positiv zu erwähnende Quelle ist die zuvor besprochene Rede eines aztekischen Priesters in „Horizonte 7". Es gibt auch negativere Beispiele, so ist im Buch der Reihe „Das waren Zeiten" die Quelle „M3 Über das Gold der Indios" so stark gekürzt, nämlich auf gerade 13 Zeilen einer dünnen Spalte, dass es, wie Michael Sauer gesagt hat, tatsächlich nichts mehr zu untersuchen gibt. Die einzige Aussage ist, dass Columbus sehr am Gold der Indios interessiert ist. Selbiges gilt im Buch der Reihe „Das waren Zeiten", hier ist der Auszug aus einem Werk des Theologen de Sepúlveda ebenfalls nur 13 Zeilen lang, im anderen Buch lässt man ihm immerhin fast 30 Zeilen Raum. So können einige interessante zusätzliche Informationen überliefert werden, die das Bild der Zeit vervollständigen. Etwa wird angeführt, dass es ja auch gut sei, dass Kinder Erwachsenen und Frauen Männern unterworfen sind.[54]

2.2.4 Kontextinformationen zu den neuen Quellen

Auf die Frage, ob Akteure, Verfasser und wichtige Umstände der Quellen näher erklärt werden, gewinnt man sehr unterschiedliche Antworten. Zusammenfassend lässt sich feststellen, dass beide Bücher in einem Darstellungsteil die relevantesten Grundinformationen geben. Etwa zu Voraussetzungen der Entdeckung Amerikas im neuen Weltbild und durch technische Errungenschaften. Aber auch die militärische Überlegenheit der Spanier, deren brutales Vorgehen und wie sie auf die Indios wirkten ist Thema. Im Einzelnen gibt es aber große Unterschiede. So erläutert das Buch der Reihe "Das waren Zeiten" den Werdegang des Dominikanermönches Bertolomé de las Casas und wie er sich für die Eingeborenen einsetzte. „Horizonte 7" erwähnt über ihn nur, dass er Dominikaner war. Über den Theologen Sepúlveda sagen beide Bücher nicht mehr, als dass er ein solcher bzw. ein Gelehrter war. Informationen, wie dass er nie in Südamerika war oder sein Leben lang dem spanischen König diente, verschweigen beide Werke. Sie gehen aber ein auf die Ausbeutung der indigenen Bevölkerung durch die Spanier, die sich als Herren verstanden. Allerdings führt nur „Horizonte 7" nähere dringend benötigte Gründe dafür an. Nämlich die Überzeugung den einzig richtigen Glauben zu haben, die militärische Überlegenheit und auch die Möglichkeit die eigene Bereicherung als in Ordnung zu rechtfertigen. Beide

---

[54] vgl. Grosch: S. 82-84. u. vgl. Sauer: S. 110-111. u.vgl Schönemann u. Thünemann: S. 87-88. u. vgl. Pandel: S. 158. u. vgl. Das waren Zeiten: S. 115. M 3 Die Gier nach Gold. Z. 19-20. u. S. 112. M 3 Über das Gold der Indios. u. S. 116. M 5 "Denn das ist die natürliche Ordnung". u. vgl. Horizonte 7: S. 170. M 6 Welche Rechte haben Indios? a).

Bücher liefern kurze Texte über den Quellen, die sofern bekannt, den Autor und die Entstehungszeit nennen. Dies ist zwar sinnvoll, wie gezeigt wären aber teils noch deutlich mehr Informationen zu den Quellen nötig. Nur so können Schüler die Perspektive der Autoren besser nachvollziehen und allgemein auch die Quelle völlig begreifen. Pandel hat auf die Bedeutung hingewiesen den Autor, seine Lebensgeschichte, soziale Stellung und wichtige Handlungen zu kennen. So ist es selbst bei einem eigentlich unbekannten Autor gewinnbringend, wenn sich dieser wenigstens einer Schicht oder sozialen Gruppe zuordnen lässt. Bedenklich im Zusammenhang mit der Nennung von Vorinformationen ist auch, dass das Buch der Reihe "Das waren Zeiten" den wohl bedeutendsten spanischen Conquistador Hernan Cortez und seine Taten nicht einmal erwähnt und nur von spanischen Eroberern spricht.[55]

Auch Grosch meint, Quellen ließen sich nur verstehen, wenn man auch Hintergrundwissen besitze, welches aus dem Text selbst nicht zu entnehmen sei. Wichtig findet er Wissen über den Autor und die Relevanz und Art der Quelle. Letzteres sei oft nicht ersichtlich, da in Schulbüchern Zeitungsartikel, Briefe und Urkunden meist im selben Layout abgedruckt seien. Immerhin geben beide Schulbücher genau an, aus welchen Werken sie Quellen entnehmen und auch um welche Quellenart es sich handelt und woher sie überliefert ist. Einzig bei den Quellen "M 4 Die Spanier auf Kuba" und "M 5 Denn das ist die natürliche Ordnung" wird leider nicht angegeben, in welchem genauen Zusammenhang die Quellen entstanden bzw. erstveröffentlicht worden sind.[56]

3. Fazit

Im ersten Teil der Arbeit sind in der Auseinandersetzung mit geschichtsdidaktischer Literatur wesentliche Kriterien aufgestellt für einen gewinnbringenden Einsatz von Textquellen im Schulbuch. Folgende Faktoren haben sich als bedeutend herauskristallisiert: Eine klare Kennzeichnung von Quellen, um Schüler die Unterscheidung zu Darstellungen zu erleichtern. Das Aufbieten kontrastierender Meinungen und Standpunkte in Quellen zur Motivation von Schülern und Förderung einer eigenen Urteilsbildung. Das Halten einer Balance von Alterität und angemessenem Niveau, sprachlich und thematisch. So soll zum einen sichergestellt werden, dass die Quellen für

---

[55] Horizonte 7: S. 160-173 insbesondere S. 172 für eine Darstellung der Gründe für das Überlegenheitsgefühl der Spanier und die resultierende Ausbeutung. u. vgl. Das waren Zeiten 2: S. 110-116. vgl. S. 114 für eine Beschreibung zu de las Casas und die Haltung der Spanier gegenüber den versklavten Indios. u. vgl. Pandel: S. 156.
[56] vgl. Grosch: S. 85-86. u. vgl. Das waren Zeiten 2: S. 116.

die Schüler zu untersuchen sind, aber dass sie auch noch genug bieten, was zu untersuchen ist. Etwa heute kontrovers und fremd gewordene Sachverhalte, aber auch nicht mehr bekannte Worte und Redewendungen. Zuletzt muss noch die Wichtigkeit genannt werden von Kontextinformationen zur Quelle und ihrem Autor um die Aussageabsicht wirklich zu verstehen.

Im zweiten Teil ist untersucht worden, inwiefern diese Kriterien auf in Schulbüchern abgedruckte Quellen zutreffen. Ausgewählt wurden dafür zwei gängige Schulbücher für die siebte Jahrgangsstufe in Bayern und das Thema Entdeckung und Eroberung der neuen Welt. Bei dem Vergleich hat sich herausgestellt, dass beide Bücher leider Quellen und Darstellungen unter Material führen und Schülern so die Unterscheidung erschweren. Hingegen gelingt beiden Büchern im Wesentlichen eine sinnvolle und ähnliche Auswahl multiperspektivischer Quellen. Lediglich der Abdruck zweier Berichte von Christoph Columbus mit ähnlichen Aussagen ist zu kritisieren. Sprachlich sind die Quellen den Schülern angemessen, vermitteln aber nur teilweise den geforderten Zeitkolorit, hier bestünde noch Nachbesserungsbedarf. Thematisch stellen beide Werke den Schülern Positionen vor, die Gegenwartsbezug haben, aber auch eine fremde Zeit erfahrbar machen, etwa die Diskussion um Rechte der Indios und Menschenopfer. Zuletzt ist festzuhalten, dass die wesentlichsten Kontextinformationen gegeben werden, aber gerade im Buch der Reihe "Das waren Zeiten" bei zwei Quellen die Umstände ihrer Entstehung nicht klar genug angegeben sind. Alles in allem erfüllen beide Schulbücher also wesentliche Forderungen der Geschichtsdidaktik zur Quellenarbeit, Verbesserungspotentiale gibt es allerdings noch.

Literaturverzeichnis

Beilner, Helmut: Empirische Zugänge zur Arbeit mit Textquellen in der Sekundarstufe I. In: Quellen in Geschichtswissenschaft und Geschichtsunterricht. Exemplarische Zugänge zur Rekonstruktion von Vergangenheit. Hrsg. Helmut Beilner und Martina Langer-Plän. S. 103-126. S. 103.

Borries, Bodo von: Schulbuchverständnis, Richtlinienbenutzung und Reflexionsprozesse im Geschichtsunterricht. Eine qualitativ-quantitive Schüler- und Lehrerbefragung im Deutschsprachigen Bildungswesen 2002. Neuried 2005.

Brauch, Nicola: Fostering Competencies of Historical Reasoning Based on Cognitive Activating Tasks? Considerations Towards a Conceptual Change from Text to Task Books in History Learning Environments. In: Aufgaben im Schulbuch. Hrsg. von Eva Mathes und Sylvia Schütze u.a. Bad Heilbrunn 2011. S. 237 -249.

Grosch, Waldemar: Schriftliche Quellen und Darstellungen. In: Geschichtsdidaktik. Praxishandbuch für die Sekundarstufe I und II. Hrsg. Hilke Günther-Arndt. S. 63-92.

Reeken, Dietmar, von: "Um an die Quellen zu kommen, muss man gegen den Strom schwimmen". Geschichts-Quellen in Wissenschaft, Kultur und Unterricht. In: Geschichts-Quellen. Brückenschläge zwischen Geschichtswissenschaft und Geschichtsdidaktik. Hrsg. Gunilla Budde, Dagmar Feist u.a. S. 11-21.

Sauer, Michael: Geschichte Unterrichten. Eine Einführung in die Didaktik und Methodik. 7. aktualisierte und erweiterte Auflage. Minden 2008.

Schönemann, Bernd u. Thünemann, Holger: Schulbucharbeit. Das Geschichtsbuch in der Unterrichtspraxis. Schwalbach 2010. S. 115.

Seidenfuß: Rekonstruieren - Rekonkretisieren - Dekonstruieren. Erzählende Quellen im Geschichtsunterricht. In: Quellen in Geschichtswissenschaft und Geschichtsunterricht. Exemplarische Zugänge zur Rekonstruktion von Vergangenheit. Hrsg. Helmut Beilner und Martina Langer-Plän. S. 87-102.

Stöber, Georg: Schulbuchzulassung in Deutschland. Grundlagen, Verfahrensweisen und Diskussionen. In: Eckert.Beiträge (2010) 3, URL: http://d-nb.info/1002260256/34.

Pandel, Hans-Jürgen: Quelleninterpretation. Die schriftliche Quelle im Geschichtsunterricht. Hrsg. von Ulrich Mayer und Hans-Jürgen Pandel u.a. Schwalbach 2006.

Pandel, Hans-Jürgen: Quelleninterpretation. In: Handbuch Methoden im Geschichtsunterricht. Hrsg. Klaus Bergman, Ulrich Mayer u.a. Schwalbach 2004. S. 152-171.

Quellenverzeichnis

Baumgärtner, Ulrich: Horizonte 7 / Geschichte Gymnasium Bayern. Schülerband. Braunschweig 2005.

Brückner, Dieter: Das waren Zeiten 2. Mittelalter - Renaissance - Absolutismus [für die Jahrgangsstufe 7]. Unterrichtswerk für Geschichte an Gymnasien, Sekundarstufe 1. Bamberg 2011.